CLIMA EXTREMO

LOS TORNADOS

por Anastasia Suen

AMICUS | AMICUS INK

refugio

nube embudo

Busca estas palabras e imágenes mientras lees.

supercélula

postes

¡Oh, no! Llega una gran tormenta. Podría hacer un tornado.

¿Ves la tormenta supercélula?
Levanta el aire cálido.
El aire frío va hacia abajo.
Esto hace que las nubes giren.

nube embudo

¿Ves la nube embudo?
Gira rápido.
Está hecha de gotas de agua.

La nube toca el suelo.
Ahora es un tornado.

refugio

¿Ves el refugio?
Está debajo del suelo.
Es un lugar seguro.

postes

¿Ves los postes?
El viento es fuerte.
Derriba los potes.

El techo se voló.
Pero la familia está a salvo.

refugio

nube embudo

¿Lo encontraste?

supercélula

postes

Spot es una publicación de Amicus y Amicus Ink
P.O. Box 1329, Mankato, MN 56002
www.amicuspublishing.us

Library of Congress Cataloging-in-Publication Data

Names: Suen, Anastasia, author.
Title: Los tornados / Anastasia Suen.
Other titles: Tornadoes. Spanish
Description: Mankato : Amicus, [2021] | Series: Spot clima extremo | Audience: Ages 4-7 | Audience: Grades K-1
Identifiers: LCCN 2019050213 (print) | LCCN 2019050214 (ebook) | ISBN 9781645491989 (library binding) | ISBN 9781681527277 (paperback) | ISBN 9781645492245 (pdf)
Subjects: LCSH: Tornadoes--Juvenile literature.
Classification: LCC QC955.2 .S8418 2021 (print) | LCC QC955.2 (ebook) | DDC 551.55/3--dc23
LC record available at https://lccn.loc.gov/2019050213
LC ebook record available at https://lccn.loc.gov/2019050214

Impreso en los Estados Unidos de America

HC 10 9 8 7 6 5 4 3 2 1
PB 10 9 8 7 6 5 4 3 2 1

Alissa Thielges, editora
Deb Miner, diseñadora de la serie
Ciara Beitlich, diseñadora de libro
Marty Levick, investigación fotográfica

Créditos de las imágenes: Getty/www.dennisoswald.de cover, 16; Shutterstock/Minerva Studio 1, 8–9; iStock/PeopleImages 3; iStock/mdesigner125 4–5; Alamy/Design Pics Inc 6–7; Dreamstime/Travis Rogers 10–11; Shutterstock/Everything I Do 12–13; iStock/gmcoop 14–15